VENTE

DES 9, 10 ET 11 DÉCEMBRE 1901

HOTEL DROUOT, SALLE N° 1

à deux heures

SUCCESSION

DE

M. P. DURET

COMMISSAIRES-PRISEURS

M° LÉON TUAL | **M° P. FOURNIER**
56, rue de la Victoire, 56 | 3, boulevard Sébastopol, 3

EXPERTS

M. GEORGES PETIT | **M. B. LASQUIN**
12, r. Godot-de-Mauroi, 12 | 12, rue Laffitte, 12

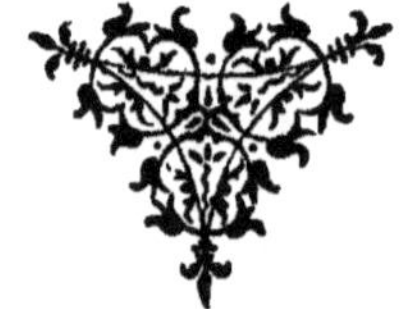

CATALOGUE ET NOTICE

DE

Tableaux Modernes

PAR

COROT, DELACROIX, DIAZ, ROUSSEAU

TABLEAUX ANCIENS

DES ÉCOLES FLAMANDE ET FRANÇAISE DES XVIe, XVIIe ET XVIIIe SIÈCLES

ET DE

MEUBLES ANCIENS

Orfèvrerie, Bijoux, Curiosités, Émaux, Bronzes
Objets d'Art, Sculptures, Bois, Marbre et Terre cuite
Faïences

TAPISSERIES ANCIENNES

LIVRES

DONT LA VENTE AURA LIEU

Par suite du décès de M. P. Duret

POUR CAUSE DE MINORITÉS, APRÈS ACCEPTATION BÉNÉFICIAIRE
ET EN VERTU D'ORDONNANCE ENREGISTRÉE

HOTEL DROUOT, SALLE N° 1

**Le Lundi 9 Décembre 1901, à 2 heures 1/2
et les Mardi 10 et Mercredi 11 Décembre 1901, à 2 heures**

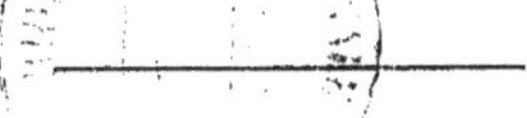

COMMISSAIRES-PRISEURS

Me LÉON TUAL | **Me P. FOURNIER**
56, rue de la Victoire, 56 | *3, Boulevard Sébastopol, 3*

EXPERTS

M. GEORGES PETIT | **M. B. LASQUIN**
12, rue Godot-de-Mauroi, 12 | *12, rue Laffitte, 12*

EXPOSITION PUBLIQUE

Le Dimanche 8 Décembre 1901, de 1 h. 1/2 à 5 h. 1/2

CONDITIONS DE LA VENTE

Elle sera faite au comptant.

Les Acquéreurs paieront **Dix pour cent** en sus des prix d'adjudication.

Pour les objets d'art, l'expert se réserve le droit de diviser les lots.

ORDRE DES VACATIONS

Le Lundi 9 Décembre, à 2 heures 1/2 .

Tableaux -- Objets d'art — Faïences — Émaux

Bronzes — Pendules — Sculptures

Le Mardi 10 Décembre, à 2 heures

Argenterie — Bijoux — Meubles anciens et Tapisseries

Le Mercredi 11 Décembre, à 2 heures

Livres — Meubles, etc.

Paris. — Imp. Georges Petit, 12, rue Godot-de-Mauroi. — 11317-01

DÉSIGNATION

TABLEAUX

BEAUBRUN

1 — *Portrait de femme en rose.*

Panneau. Haut., 35 cent ; larg., 27 cent.

BENOUVILLE

2 — *L'Accident, scène biblique.*

Cachet de la vente, à droite, en bas.

Toile. Haut., 33 cent.; larg., 56 cent.

CODDE (Pierre)

3 — *La Partie de tric-trac.*

Panneau. Haut., 42 cent.; larg., 59 cent.

COROT

4 — *Les Bergers.*

Ils dansent dans une prairie émaillée de fleurs, à l'ombre de grands arbres, au bord d'un lac; dans le fond, des montagnes. Ciel doré, avec légers nuages éclairés par les rayons du soleil couchant.

Beau paysage, ayant le charme et la poésie qui caractérisent les plus belles œuvres de l'artiste.

Signé à gauche en bas.

Toile. Haut., 41 cent.; larg., 60 cent.

Corot

Les Bergers

CRANACH

(GENRE DE)

5 — *César Borgia et Éléonore d'Este.*

Peinture sur cuivre.

Haut., 21 cent.; larg., 17 cent.

DELACROIX

6 — *Hercule dompte et tue le Centaure.*

Étude pour le plafond d'un des salons de l'ancien Hôtel-de-Ville.

Forme demi-cercle.

Toile. Haut., 22 cent.; larg., 46 cent.

DELACROIX

7 — *Hercule vainqueur d'Hippolyte.*

Étude pour le plafond d'un des salons de l'ancien Hôtel-de-Ville.

Forme demi-cercle.

Toile Haut., 18 cent.; larg., 46 cent.

DIAZ (N.)

8 — *Une Mare dans la clairière.*

A gauche, au bord de la mare, un petit bouquet d'arbres se reflète dans l'eau; à droite, un petit talus boisé. Au centre, une femme se dirige vers la clairière éclairée par le soleil couchant. Au fond, quelques arbres se détachent sur les nuages qui courent dans le ciel.

Signé à droite, en bas.

Panneau. Haut., 27 cent.; larg., 41 cent.

HAMON

9 — *Vierge.*

Signé à gauche, en bas.

Toile. Haut., 72 cent.; larg., 48 cent

ÉCOLE FRANÇAISE

(GENRE DE CLOUET)

10 — *Portrait d'Élisabeth d'York.*

Panneau. Haut., 53 cent.; larg., 39 cent.

ÉCOLE FRANÇAISE

(GENRE DE CLOUET)

11 — *Philippe IV d'Espagne.*

Gouache sur vélin.

Haut., 17 cent.; larg., 12 cent.

ÉCOLE FRANÇAISE

(GENRE DE CLOUET)

12 — *Portrait équestre de François Ier.*

Gouache sur vélin.

Haut., 26 cent.; larg., 20 cent.

ÉCOLE FLAMANDE

(XVIe SIÈCLE)

13 — *Princes de la maison d'Autriche :
Maximilianus II, Johannes Aus-
triacus.*

Volets de dyptique.

Haut., 67 cent.; larg., 22 cent.

ÉCOLE FRANÇAISE

(XVIe SIÈCLE)

14 — *Portrait d'une princesse.*

Panneau. Haut., 20 cent.; larg., 16 cent.

ÉCOLE FRANÇAISE

(XVIe SIÈCLE)

15 — *Portrait de Marie de Médicis.*

Gouache sur vélin.

Haut., 17 cent.; larg., 13 cent.

LEMAIRE (Casimir)

16 — *Nature morte.*

Sur une table, recouverte d'une étoffe rouge, un
vase, des plats de cuivre, des fleurs et des armes.
A droite, un jeune page examine un sabre. A gauche,
un chien près d'une cage sur laquelle deux perroquets
se battent.

Signée à gauche, en bas : *1869.*

Toile. Haut., 1 m..; larg., 1 m. 80.

MIGNARD

17 — *Portrait de Mme de Lavallière.*

Assise, presque de face, et vue jusqu'à mi-corps, le coude appuyé sur des coussins. A gauche, un amour, la main posée sur son épaule, se penche vers elle. A droite, un chien, symbole de la fidélité, se tient à ses pieds.

Toile. Haut., 96 cent.; larg., 81 cent.

MIGNARD

(ATTRIBUÉ A)

18 — *Femme assise à une table regardant un bouquet de fleurs.*

Toile. Haut., 43 cent.; larg., 36 cent.

NETSCHER

19 — *Portrait de femme, vue jusqu'à mi-corps.*

Toile. Haut., 54 cent.; larg., 46 cent.

OUDRY (J.-B.)

20 — *Chasseur et ses chiens.*

A l'ombre de grands arbres, un chasseur est assis; d'une main, il est appuyé sur le canon de son fusil, tandis que, de l'autre, il s'apprête à prendre une perdrix que lui apporte un chien. Derrière lui, à droite, un autre chien est assis.

Au bas de la toile sont inscrits les noms des chiens : *Fine, Lize.*

Signé en bas, vers le milieu à droite, et daté : *1732.*

Toile. Haut., 1 m. 30; larg., 1 m. 62.

POURBUS

21 — *Portrait en buste de Renée des Rieux, baronne de Castellane, dite la belle de Châteauneuf, fille d'honneur de Catherine de Médicis, maîtresse présumée du duc d'Anjou, Henri III de France.*

Panneau. Haut., 33 cent.; larg., 26 cent.

POURBUS

(ATTRIBUÉ A)

22 — *Portrait de femme.*

Panneau. Haut., 36 cent.; larg., 30 cent.

POURBUS

(ÉCOLE DE)

23 — *Portrait de l'infante Isabelle.*

Panneau. Haut., 27 cent.; larg., 22 cent.

POURBUS

(ÉCOLE DE)

24 — *Portrait présumé de la comtesse de Vertus.*

Panneau. Haut., 33 cent.; larg., 25 cent.

REMBRANDT

(D'APRÈS)

25 — *Portrait de la comtesse de Nadaillac.*

Panneau. Haut., 38 cent.; larg., 29 cent.

ROUSSEAU (Th.)

26 — *Bords de rivière.*

A droite, surplombant l'eau, un gros bouquet d'arbres au pied desquels vient accoster la barque d'un pêcheur. A gauche, sur l'autre bord, d'autres arbres encore masquent en partie l'horizon.

Des deux côtés, le terrain descend la pente douce jusqu'à la rivière où se reflète un ciel lourd de nuages d'été.

Signé à droite, en bas.

Haut., 27 cent.; larg., 33 cent.

RUBENS

(D'APRÈS)

27 — *Méléagre et Atalante.*

Toile. Haut., 1 m. 68; larg., 1 m. 28.

RUBENS

(D'APRÈS)

28 — *Élisabeth de France.*

Panneau. Haut., 18 cent.; larg., 16 cent.

SUSTERMAN

29 — *Saint Paul.*

Panneau. Haut., 75 cent.; larg., 70 cent.

DE TROY

30 — *Portrait de princesse.*

Vue presque de face, vêtue d'une robe de soie rose, brochée d'or, la poitrine et les épaules découvertes, elle est drapée d'un grand manteau de cour bleu à fleurs de lys et doublé d'hermine.

Cadre en bois sculpté.

Toile. Haut., 77 cent.; larg., 65 cent.

ÉCOLE FRANÇAISE

(ATTRIBUÉ A DE TROY)

31 — *Portrait de femme en Diane chasseresse.*

De trois quarts à droite et vue jusqu'à mi-corps, coiffée d'un grand chapeau à plume, vêtue d'une robe bleue et d'un corsage décolleté broché d'or et drapée d'une écharpe rose ; elle tient de la main gauche un arc et appuie sa main droite sur son chien.

Toile. Haut., 1 m. 23; larg., 92 cent.

LE TITIEN

(D'APRÈS)

32 — *Portrait de la comtesse de Ferrare.*

Panneau. Haut., 20 cent.; larg., 14 cent.

VELASQUEZ

(D'APRÈS)

33 — Portrait équestre.

Toile. Haut., 36 cent.; larg., 22 cent.

VELASQUEZ

(D'APRÈS)

34 — Portrait équestre.

Peinture sur marbre.

Haut., 36 cent.; larg., 27 cent.

VELASQUEZ

(D'APRÈS)

35 — L'Infante Marguerite.

Peinture sur marbre.

Haut., 18 cent.; larg., 15 cent.

VINCKEBOONS (David)

36 — Fête galante.

Panneau. Haut., 60 cent.; larg., 88 cent.

MEUBLES
CURIOSITÉS, OBJETS D'ART

ET

TAPISSERIES

ORFÈVRERIE ANCIENNE
& DE STYLE

37 — Deux flambeaux Louis XV en argent.

38 — Écuelle et son plateau Louis XIV en argent
ciselé et gravé, à quadrillages et entrelacs.

39 — Huilier et une saucière Empire en argent.

40 — Sucrier Louis XV, de forme carrée, avec cou-
vercle surmonté d'un amour.

41 — Petite cafetière Louis XV.

42 — Vidrecome argent repoussé d'ancien travail
allemand.

43 — Coupe à boire de forme conique sur pied,
en vermeil repoussé du commencement du
XVIIᵉ siècle, travail allemand.

44 — Jardinière de forme ronde en argent Louis XIV, à décor de fleurs.

45 — Petit pot à crème Louis XIV.

46 — Sucrière à saupoudrer de style Louis XIV en argent gravé.

47 — Bougeoir de style Louis XV.

48 — Plat rond en argent repoussé, à bordure de fleurs et de fruits.

49 — Divers plats et plateaux en argent de même style.

50 — Brosse à miettes à dessus ovale en argent repoussé hollandais.

51 — Diverses pièces en orfèvrerie, services de table, couverts, etc.

52 — Environ 14 kilogrammes argenterie moderne de service, couverts, cafetières, poëlons, plats, etc.

BIJOUX

53 — Montre en émail de Genève Louis XVI, à sujet de figures.

54 — Boîte ovale Louis XVI en vermeil.

55 — Étuis, pièces de monnaie et menus objets.

CURIOSITÉS

56 — Plat rond avec cavité centrale en ancienne
faïence d'Urbino, à décor polychrome, avec
armoiries aux trois croissants, représentant
Dédale et son fils Icare.

57 — Deux autres plats en ancienne faïence ita-
lienne.

58 — Émaux de Limoges des xvie et xviie siècles.

59 — Émaux cloisonnés anciens de la Chine.

BRONZES

60 — Deux petits vases Louis XIII en bronze patiné
sur socles en marbre.

61 — Deux appliques Louis XIII en cuivre jaune
repoussé.

62 — Quatre appliques Louis XIV en cuivre doré.

63 — Statuette de Louis XIV, figurines, etc.

SCULPTURES

64 — Buste de femme, grandeur nature, en terre
cuite du xviiie siècle, sur socle en marbre.

65 — Groupe d'amours en marbre blanc.

BOIS SCULPTÉS

66 — Grande statue de saint Paul en noyer sculpté.

67 — Environ vingt pièces : panneaux montants et frises en bois sculpté des xvie et xviie siècles.

MEUBLES ANCIENS

68 et 68 *bis* — Beau bureau Louis XV et un bout de bureau surmonté d'un cartonnier en marqueterie de bois debout, à fleurs, chiffres enlacés et encadrements avec ornements de bronze.

69 — Petit meuble à deux corps de l'époque Henri II, en noyer finement sculpté, à figures allégoriques, et incrusté de plaquettes de marbre.

70 — Bibliothèque Louis XIII en marqueterie d'étain.

71 — Bibliothèque Louis XIV en marqueterie de cuivre et d'ébène.

72 — Pendule religieuse en marqueterie de cuivre, d'étain et d'écaille.

73 — Commode Louis XV, forme bombée en laque noir et or, garnie de bronzes, dessus de marbre.

74 — Ameublement de chambre à coucher en acajou à moulures et filets de cuivre de style Louis XVI.

75 — Buffet vaisselier Louis XIV en chêne sculpté, à portes vitrées.

76 — Crédence Renaissance en chêne sculpté.

77 — Coffre en noyer sculpté avec dessus en tapisserie ancienne.

78 — Autre coffre Henri II en noyer sculpté.

79 — Écran à quatre feuilles en tapisserie, décor et arabesques, fleurs et animaux.

80 — Écran en cuir de Cordoue.

81 — Meubles divers.

SIÈGES

82 — Bel ameublement Louis XIV en bois doré à pieds gainés avec entre-jambes et hauts dossiers garnis, recouvert en ancienne tapisserie au point dit de Saint-Cyr.
Il est composé de : un grand canapé avec deux coussins, six fauteuils et un tabouret.

83 — Grand fauteuil Louis XIV à têtières, en bois doré, garni de tapisserie ancienne au point.

84 — Deux fauteuils Régence en bois sculpté, garnis
en tapisserie de l'époque à larges fleurs.

85 — Bergère Louis XV, garnie d'ancienne tapisserie à fleurs et figures.

86 — Fauteuil de bureau Louis XV, triangulaire, en
bois sculpté, garni de canne.

87 — 12 chaises Louis XIV en noyer sculpté garnies
de tapisserie ancienne.

88 — Tabouret garni de tapisserie ancienne.

89 — Deux chaises Henri II, garnies de velours cra-
moisi avec bandes en ancienne tapisserie à
fleurs.

TAPISSERIES ANCIENNES
ÉTOFFES

90 — Belle tapisserie de Bruxelles du xviiᵉ siècle
(en deux parties), à sujets de figures avec
bordure.

91 — Tapisserie de l'époque Henri IV, à petits per-
sonnages.

92 — Quatre portières en tapisserie flamande du
xviiᵉ siècle, à sujets de verdure.

93 — Tapis de table en tapisserie ancienne à fleurs
et fruits.

94 — Divers bandeaux et pentes en tapisserie ancienne.

95 — Étoffes anciennes, soieries, lampas, damas,
etc.

LIVRES

Les livres dépendant de la succession seront
vendus le Mercredi 11 Décembre 1901, à 2 heures,
avec l'assistance de MM. Paul et Guillemin, libraires,
28, rue des Bons-Enfants, chez lesquels se distribue
le catalogue de ces livres.